BEI GRIN MACHT SICH IHR WISSEN BEZAHLT

- Wir veröffentlichen Ihre Hausarbeit,
  Bachelor- und Masterarbeit

- Ihr eigenes eBook und Buch -
  weltweit in allen wichtigen Shops

- Verdienen Sie an jedem Verkauf

Jetzt bei www.GRIN.com hochladen und kostenlos publizieren

Marketing- und Werbeplanung für ein neues Gesundheitsstudio in Mannheim

GRIN ☺

Bibliografische Information der Deutschen Nationalbibliothek:

Die Deutsche Nationalbibliothek verzeichnet diese Publikation in der Deutschen Nationalbibliografie; detaillierte bibliografische Daten sind im Internet über http://dnb.d-nb.de abrufbar.

ISBN: 9783346196415
Dieses Buch ist auch als E-Book erhältlich.

Deutsche Hochschule für
Prävention und Gesundheitsmanagement
Hermann Neuberger Sportschule 3
66123 Saarbrücken

Hausarbeit (kollektive Prüfungsleistung)

Modul	Marketing I
Studiengang	Fitnessökonomie
Gruppe bzw. zu bearbei-tende Stadt	Mannheim
Unternehmenstyp*	Gesundheitssudio

* abhängig von Aufgabenstellung: jeweils den zu bearbeitenden „Unternehmenstyp" eintragen

1

Inhaltsverzeichnis

1 Marktbeschreibung/ -analyse

1.1 Allgemeine Informationen über den Unternehmenstyp

Die Hauptzielgruppe des Unternehmenstyps „Gesundheitsstudio" in Mannheim sind teils berufstätige, als auch pensionierte Personen im Alter von etwa 30 bis 85 Jahren mit gesundheitlichen Beschwerden oder mit hoher bzw. eintöniger Belastung im Alltag, sodass sie präventiv die Gesundheit schützen wollen.

Der Unternehmenstyp hebt sich durch kompetente Fachangestellte, die eine individuelle Betreuung gewährleisten und auf der Trainingsfläche präsent sind, von Mitbewerbern ab. Das Angebot besteht aus gesundheitsorientiertem Kraft- und Ausdauertraining.

Die Produkt-/ Preis- / und Distributionspolitik des Gesundheitsstudios in Mannheim sieht folgendermaßen aus:

In der Produktpolitik des Unternehmens wird hoher Wert auf Qualität gelegt. Sowohl bei den qualifizierten Mitarbeitern als auch bei der modernen, schlicht gehaltenen Ausstattung. Das Studio ermöglicht Fitness- und Ausdauertraining sowohl für die präventive Vorsorge als auch Rehabilitation und Reha-Sport.

Der Kunde soll in dem Studio und beim Training ein Gefühl der Sicherheit und des Wohlbefindens haben, weswegen bei der Ausstattung und Dienstleistung Wert auf eine hohe Qualität gelegt wird.

Um eine entsprechend hohe Qualität bieten zu können liegt das Preisniveau in einem mittleren bis hohen Bereich. Für eine 12-monatige Mitgliedschaft zahlt der Kunde 55€ monatlich und bei 24 Monaten 45€. Zuzüglich wird ein Startpaket für 50€ berechnet um eine gute Einführung in das Training zu gewährleisten. Ein Personal Training im Monat und eine Einführung mit der Trainingsplanerstellung und Erklärung aller Geräte zu Beginn ist inklusive.

Geöffnet ist das Studio unter der Woche von 6 bis 23 Uhr und an Wochenenden und Feiertagen von 8 bis 21 Uhr.

1.2 Lage und Standort des Unternehmens

Der Standort des Unternehmens befindet sich in Mannheim. Dies liegt im Stadtbezirk Vogelstang, der im Westen Mannheims gelegen ist und über 13000 Einwohner, sowie ein Naherholungsgebiet umfasst (Quelle: https://www.mannheim.de, https://de.wikipedia.org). Jedoch umfasst das Einzugsgebiet auch Käfertal und Freudenheim. Im Süden Vogelstangs befindet sich ein Naherholungsgebiet.

Es befinden sich mehrere Tram- und Bushaltestellen in Laufnähe des Studios, sowie eine gute Anbindung mit dem Auto über die B38.

Der Standort wurde in Absprache mit den Kommilitonen so gewählt, dass ein größtmöglicher Teil von Mannheim mit den Einzugsgebieten abgedeckt wird, um einen größtmöglichen Erfolg zu erzielen.

Außerdem wurde bei der Wahl des Sandortes auf den Altersdurchschnitt der Bevölkerung geachtet, da die Zielgruppe auch ein vorangeschrittenes Alter hat; sowie die Arbeitslosenquote und die durchschnittliche Kaufkraft pro Haushalt.

Aufgrund dieser Einflussfaktoren weist der Standort gute Bedingungen vor.

1.3 Makroumfeldanalyse und Abschätzung des Marktpotentials

Mannheim ist eine Stadt, die aus 24 Stadtteilen mit insgesamt über 318.910 Einwohnern besteht (Quelle: https://www.mannheim.de). Das Durchschnittsalter betrug Ende 2017 ca. 42,6 Jahre. Die Arbeitslosenquote beträgt zu diesem Datum 3,8% und der Kaufkraftindex pro Person liegt bei 100.

Tab. 1: Regionaldaten Stadtteile Mannheim (Einwohner = E; Zielgruppe = ZG)

Stadtbezirk	E insgesamt	E der ZG (30 Jahre und älter)	% des Marktgebiets im Stadtteil	E der ZG im Marktgebiet	Arbeitslosenquotient ind %	Kaufkraft-Index pro Haushalt
Vogelstang	12.700	9.231	100	9.231	3,0	122
Wallstadt	8,129	5.934	100	5.934	1,5	120
Freudenheim	15.108	10.816	100	10.816	2,1	131
Neuostheim	2.830	2.073	100	2.073	2,0	127
Neckarstadt Ost	34.175	22.295	90	20.0655	4,6	83
Käfertal	27.406	18.040	90	16.236	3,6	105
Luzenberg	3.136	1.838	70	1.287	6,1	76
Waldhof	11.465	7.466	70	5.226	5,5	97
Neuhermsheim	4.643	3.164	50	1.582	1,4	
Schwetzingerstadt	11.041	6.743	40	2.697	3,7	75
Gartenstadt	10.616	7.595	30	2.279	2,4	134
Oststadt	13.065	9.453	25	2.363	2,2	107
Hochstätt	3.230	1.776	20	355	6,6	96
Neckarstadt West	21.530	12.972	10	1.297	6,6	78

(Quellen: https://www.mannheim.de)

4

Nun wird das Gesamtmarktpotenzial berechnet, wobei von einer Reaktionsquote von 12% ausgegangen wird.

Einwohnerzahl Marktgebiet 1: 45.518 Personen

Einwohnerzahl Marktgebiet 2: 130.055 Personen

Summe der Einwohner aus Marktgebiet 1 mit 100% Gewichtung und Marktgebiet 2 mit 70% Gewichtung verrechnet mit dem Marktpotential von 12%:

$((130.055 * 0,7) + 45.518) * 0,12 = 10.930,08216$

Somit liegt das Gestamtmarktpotenzial aus Marktgebiet 1 und 2 bei ca 10.930 Einwohnern.

(Quelle: https://maps.openrouteservice.org)

1.4 Wettbewerbsanalyse

Tab. 2: Mitbewerber „AF" und „VB" im Vergleich

Daten	VB	AF	Gesundheitsstudio
Preise	12, 95€/ Woche bei 6 Monaten, 10,95€/ Woche bei 12 Monaten, 8,95€/ Woche bei 24 Monaten; zzgl Startpaket 59,90€; Extra Studententarif	24,90€/ Monat bei 24 Monaten, 29,90€/ Monat bei 12 Monaten; Zzgl. einmalig 10€ Servicegebühr	55€/ Monat bei 12 Monaten, 45€/ Monat bei 24 Monaten; Zzgl. Startpaket 50€
Lauf-zeiten	6, 12, 24 Monate	12, 24 Monate	12, 24 Monate
Öffnungs-zeiten	Mo – Fr 6 - 23 Uhr Sa 8 – 22 Uhr So 8 – 21 Uhr Feiertage 10-18 Uhr	Mo-Fr 8-22 Uhr Sa+So+Feiertage 9-18 Uhr	Mo-Fr 6-23 Uhr Sa+So+Feiertage 8-21 Uhr
Angebote	Kurse, Athletic Area, Cardiobereich, Gerätezirkel, Sauna & Wellness, Spinning, Bistro, Functional Training, Kraft- & Freihantelbereich, Reha-Sport, Solarium, Personal Training	Cardio, Kurse, Geräte- & Freihanteltraining, Functional Training, TRX, Personal Training, Gerätezirkel, Wellness, Reha-Sport	Cardio, Kurse, Geräte- & Freihantelbereich, Personal Training, Reha-Sport, Arzt (Orthopäde), Infovorträge über Gesundheit mit verschiedenen Themen
Betreu-ung	Ein Trainertermin zu Beginn; Trainer sind zwischendurch ansprechbar und während der gesamten Öffnungszeiten da.	Die ersten 5 Trainings sind begleitet. Dabei wird ein Beratungsgespräch geführt, Messungen werden	Zu Beginn gibt es ein Beratungsgespräch, einen Termin beim internen Arzt, es werden optional Tests zum

5

Daten	VB	AF	Gesundheitsstudio
		gemacht und ein Trainingsplan wird erstellt, sowie ein Re-Check gemacht, ob der Trainingsplan passt. Die Trainer sind während der Öffnungszeiten da und ansprechbar.	Gesundheitszustand gemacht, ein Trainingsplan wird erstellt und zusammen durchgearbeitet. Eine Persönliche Begleitung alle 2 Monate durch einen Trainer ist Inklusive. Die Trainer sind während der Öffnungszeiten da und ansprechbar.
Quelle	Homepage https://www.venicebeach-fitness.de/clubs/premium-fitness/mannheim-kaefertal/	Homepage http://american-fitness.org/mannheim	

Tab. 3: Vor -& Nachteile im Vergleich

Daten	„AF"	„VB"
Vorteile	• Ein großer Vorteil ist die gute Betreuung zu Beginn der Mitgliedschaft. Nach einem Einstigsgespräch erfolgt eine Leistungsdiagnostik durch verschiedene Tests. Aufgrund dieser Ergebnisse kann nun der Trainingsplan erarbeitet werden und die Einweisung erfolgen. Danach gibt es noch zwei Re-Checks, ob der Trainingsplan passt und er wird ggf. angepasst. • Ein weiterer positiver Aspekt ist die Kostenübernahme der Krankenkasse, die in diesem Studio möglich ist.	• Ein großes Plus liegt in der Laufzeit, die auch lediglich 6 Monate ermöglicht. • Auch das Kursangebot ist sehr flexibel. Die zahlreichen Kurse sind sehr gut über den ganzen Tag verteilt, sodass es zu Stoßzeiten weniger gefüllt ist.

6

Daten	„AF"	„VB"
Nach- teile	• Eine große Schwäche jedoch sind zu einem die Öffnungszeiten, die im Gegensatz zu Mitbewerbern eher gering ausfallen, besonders für Kunden, die vor der Arbeit trainieren wollen. • Außerdem sind die Zeiten der Kurse nicht optimal. Dadurch, dass es spät nachmittags/ abends sowieso voller im Studio sein wird, da es erst um 8 Uhr öffnet, sind die Kurszeiten von meist 17 bis 20 Uhr, sodass es noch voller wird, nicht gut gewählt.	• Eine Schwäche für die Zielgruppe eines Gesundheitsstudios jedoch ist, dass das Angebot sehr groß ist, besonders mit dem Sauna & Wellnessbereich, dem Solarium und dem Bistro. Die eigentlichen Ziele können schnell untergehen und nicht mehr stark genug verfolgt werden. Jedoch bezieht sich die Schwäche nur auf die oben genannte Zielgruppe. • Ein weiteres Manko sind die Öffnungszeiten an den Feiertagen, die im Gegensatz zur Konkurrenz deutlich reduziert ist. Dies führt zudem zu einem gefüllteren Studio.

Nun der Vergleich der Stärken und Schwächen zu dem Gesundheitsstudio. Wie im „Amerian Fitness" ist auch die Betreuung zu Beginn sehr gut, sodass die Kunden ein Gefühl der Geborgenheit und Sicherheit bekommen, was zu einer besseren Kundenbindung führt. Zudem werden auch hier die Mitgliedsbeiträge anteilig von der Krankenkasse übernommen bzw. Reha-Sport-Verschreibungen können eingelöst werden. Mit einer kürzeren Laufzeit kann das Studio nicht mithalten, jedoch gilt hier das Motto: „Krafttraining bringt nur längerfristig Erfolge und hört man damit auf, bilden sich diese wieder zurück." Zudem ist die ältere Kundschaft, die die Zielgruppe darstellt, eher bereit sich längerfristig zu binden. Die angebotenen Kurse sind nicht so zahlreich wie bei „VB", jedoch ebenso gut über den Tag verteilt.

Die Öffnungszeiten sind sowohl unter der Woche als auch am Wochenende und Feiertagen recht lang, was den Kunden eine flexible Trainingszeit ermöglicht. Das Angebot hier ist nicht so groß wie bei den Konkurenten, jedoch sehr Zielführend und gut überschaubar.

Alles in Allem steht das Gesundheitsstudio der Konkurrenz etwas in der Auswahl der Beschäftigungsmöglichkeiten nach, jedoch ist das für die Zielgruppe die angestrebt ist eher unwichtig.

2 Marketingplanung

2.1 Budgetplanung

Das Jahresmarketingbudget für das Gesundheitsstudio anhand der Methode „Marketing-kosten pro Neukunde" wird folgendermaßen berechnet: 40€ pro Neukunde * 700 Neu-kunden = 28.000,00€. Die Zahlen stammen aus den Erfahrungswerten des Unternehmens, welche der Aufgabenstellung zu entnehmen sind.

2.2 Kommunikationspolitik

Für einen erfolgreichen Marktstart des Gesundheitsstudios ist es wichtig, dass schon vor der eigentlichen Eröffnung viele Mitglieder gewonnen und ein gutes Image hergestellt wird. Dazu eignet sich eine erste Marketingkampagne, welche drei unterschiedliche In-strumente der Kommunikationspolitik enthalten soll. Hierzu wurde die Werbung, das Eventmarketing und die Verkaufsförderung ausgewählt.

Das Instrument Event Marketing beinhaltet größtenteils die Ziele der Imagepflege und die Erhöhung des Bekanntheitsgrades, sowie Neukundengewinnung aber auch Kunden-bindung (Zanger und Dreger 2004). Es soll ein für die Zielgruppe interessantes Ereignis zur Interaktion (Homburg 2012, S. 819) und der positiven Assoziation zum Unternehmen organisiert werden (Dunker 2006, S. 189). Aufgrund der heutigen zahlreichen Reize, ist es zudem eine gute Methode sich von danderen Werbemaßnahmen abzuheben und den potentiellen Kunden individuell anzusprechen (Erber 2000, S. 68).

Das zweite Instrument ist die Verkaufsförderung, welche den Vorteil im Gegensatz zur Werbung hat, dass der Absatz kurzfristig und unmittelbar gefördert wird (Nieschlag et al. 2002, S 992), da der potentielle Kunde individuell angesprochen, informiert und motiviert werden kann (Weis 2010, S. 219). Die Effektivität dieses Instruments wird dadurch ver-deutlicht, dass schätzungsweise ca. ein viertel des Kommunikationsbudgets darin inves-tiert wird (Tauberger 2008, S. 13).

Das Ziel der Kampagne ist es den Bekanntheitsgrad zu erhöhen und die Neukundenge-winnung. Einzelne Elemente der Kampagne bewirken jedoch unterschiedliche Dinge. Darauf wird in der folgenden Tabelle genauer eingegangen.

Tab. 4: Detaillierte Angaben der Marketingkampagnen

Instrument	Eventmarketing	Verkaufsförderung	Werbung
Ziel	Information, Bekanntheitsgrad erhöhen, Imagepflege, Neukundengewinnung	Information, Bekanntehitsgrad erhöhen, Neukundengewinnung	Bekanntheitsgrad erhöhen
Inhalt	Für das Eventmarketing wird ein Tag der offenen Tür geplant, zu welchem die potentiellen Kunden via Flyer in der Post informiert werden. An diesem Tag sind alle Trainer, Kursleiter und Ärzte im Studio, um es den Besuchern zu ermöglichen an den Geräten zu trainieren und die Kurse auszuprobieren. Zudem stehen sie beratend zur Seite und führen Informations- und Verkaufsgespräche. Bis zu diesem Tag gibt es einen Pre-Sale von 1 Monat gratis trainieren, wenn an dem Tag eine Mitgliedschaft abgeschlossen wird.	Die Trainer des Studios stehen an einem Samstag mit einem Informationsstand mit Plakat an den Supermärkten in Käfertal (REWE), Vogelstang (EDEKA), Freudenheim (EDEKA) und Wallstadt (ALDI) uns sprechen die Leute die dort einkaufen aktiv an. Verteilt werden kleine Geschenke in Form von Trinkflaschen mit dem Logo des Studios. Bestenfalls werden natürlich direkt Verträge abgeschlossen, da es bei dem Pre-Sale einen Monat kostenloses Training gibt. Ebenfalls wird Werbung für den Tag der offenen Tür gemacht und Flyer hierzu verteilt.	In den Stadtteilen wo das Marktgebiet zu 90-100% vertreten ist (siehe Aufgabe 1.4), werden Plakatwände oder Litfaßsäulen mit der Werbung für das Studio gemietet. Auf diesen sind ebenfalls ein Hinweis zum Tag der offenen Tür zu finden.
Zeitliche Organisation	Mo. 26.8.2019: Flyerbestellung Mo. 9.9.2019: Flyerverteilung Sa. 28.9.2019: Ablaufbesprechung des Tags mit den Mitarbeitern So. 29.9.2019: Tag der offenen Tür	Do. 1.8.2019: Genehmigungen einholen für die Berechtigung der Stände; Druck der Trinkflaschen in Auftrag geben; Bestellung Stehtische Stand; Bestellung Plakat für jeden Stand Mo. 26.8.2019: Flyerbestellung Sa. 7.9.2019: Informationsstände an den Supermärkten.	1.8.2019: Inauftraggebung des Drucks der Plakate und Miete der Werbeflächen 14.9.-28.9.2019: Plakatierung der gemieteten Flächen
Erfolgsmessung	Die Besucherzahl am Tag der offenen Tür wird gemessen. Und die Besucher werden im Gespräch gefragt wie sie auf das Event aufmerksam geworden sind.	Die Vertragsabschlüsse an dem Tag und die Infogespräche werden gezählt. Zudem kann bei dem Vertragsabschluss später im Studio gefragt werden, woher das Studio bekannt ist.	Die Besucher werden am Tag der offenen Tür gefragt, wie sie auf das Event aufmerksam geworden sind. Zudem kann bei dem Vertragsabschluss später im Studio gefragt werden, woher das Studio bekannt ist.

2.3 Werbeplanung

Das Werbemittel Flyer, das durch einen Verteilerdienst in der Post der Zielgruppe verteilt wird, wurde verwendet, da so in ausgewählten Stadtteilen die Aufmerksamkeit der Anwohner erregt wird. Es ist eine verhältnismäßig kostengünstige Werbemöglichkeit, die viele Menschen erreichen kann. Der Bekanntheitsgrad soll erhöht und Aufmerksamkeit erregt werden. Die Adressaten liegen im Marktgebiet, wodurch das Interesse höher ist als bei einer willkürlichen Verteilung. Zudem kann in den ausgewählten Gesundheitseinrichtungen, in denen die Flyer ebenfalls ausgelegt werden mit einer deutlich höheren Reaktionsquote gerechnet werden.

Die Anzeige in der Tageszeitung „Mannheimer Morgen" wurde gewählt, da diese Zeitung eine weit gefächerte Zeilgruppe anspricht. Berufstätige Menschen mit einem gewissen Bildungsgrad lesen sehr gerne am Morgen oder in der Pause bei der Arbeit Zeitung, genauso wie pensionierte Menschen. Dementsprechend wird ein Inserat in dieser Zeitung einen Großteil der Zielgruppe ansprechen und somit eine hohe Wirkung erzielen. Es soll Aufmerksamkeit erregt werden und den Bekanntheitsgrad erhöhen.

Die Zielgruppe des Studios ist berufstätig und sehr viele Menschen fahren mit dem Auto zur Arbeit. Dementsprechend werden die Plakate bzw. Litfaßsäulen, die an der Straße stehen, von vielen Leuten der Zielgruppe gesehen. Auch an einigen Haltestellen des öffentlichen Verkehrs sind Plakate verteilt, sodass auch Menschen die kein Auto haben erreicht werden.

Die Auswahl der Werbeträger und -mittel ist somit sehr Zielgruppengerichtet, sodass sie viele Menschen, die angesprochen werden sollen sehen können.

2.4 Kostenkalkulation/ Budgetvergleich bei der Werbeplanung

Tab. 5: Kostenkalkulation Werbemittel & -träger

Werbemittel	Werbeträger	Kosten
Flyer	Flyerverteiler	Flyer Druck: 35.000 Stk. für 410€ (Quelle: https://www.flyeralarm.com) Verteilung 25.000 Flyer: 1.250€ via F&P Frankfurt (Kosten 50€ pro 1.000 Flyer) (Quelle: http://flyer-prospekte-ffm.de) Auslegen bei Gesundheitseinrichtungen, die in Zusammenhang mit ge- sundheitlicher Fitness stehen 10.000 Flyer: 20€ Fahrtkosten
Anzeige	Tageszeitung	Anzeige: 1.156€ für je eine Anzeige an zwei aufeinanderfolgenden Mon- tagen (Quelle: https://market.crossvertise.com)
Plakate	Plakatwand/ Litfaßsäule	Miete Werbefläche: 60€ pro Tag x 7 Tage x 6 Flächen = 2.520€ (Preis varriiert je nach ausgewähltem Standort und Art der Werbefläche) (Quelle: https://www.crossvertise.com) Plakat Druck 6 Stück: 70,42€ (Quelle: https://www.flyeralarm.com)

20% des errechneten Marketingbudges von 28.000€ sind 5.600€. Die Gesamtkosten der oben angegebenen Werbungen beträgt 5.426,42€.

Ein Verbesserungsvorschlag wäre das Budget noch besser auszunutzen, indem mehr Flyer gedruckt werden. Denn allein im Marktgebiet 1 des Studios befinden sich schon über 45.000 Einwohner und es stehen nur 35.000 Flyer zur Verfügung. Somit können noch mehr Menschen erreicht werden.

Eine weitere Optimierung der Werbung ist, sich nach einem anderen Verteiler der Flyer umzuschauen. Der Gewählte ist relativ kostenintensiv, was sich durch einen privaten Verteiler vermutlich ändern ließe.

2.5 Synergieeffekte im Rahmen der Kommunikationspolitik

Die Studios der Kommilitonen haben zwar ganz unterschiedliche Trainingsprinzipien und Zielgruppen, dennoch können gemeinsame Synergieeffekte erzielt werden. Ein Vorschlag ist z.B. ein gemeinsamer Messestand, bei denen die Mietkosten geteilt werden und alle Studios an dem Stand vertreten sein können. Ein weiterer Vorschlag ist das gemeinsame Sponsoring des Vereins, welcher zusammengehörig ist mit dem Vereinsstudio. Dies erhöht den Bekanntheitsgrad und das Image aller Studios in der Stadt. Zudem kann ein gemeinsames Sportevent mit Mitmachaktionen von Jung bis Alt organisiert werden. Dies wird ein Familienevent, wo sowohl die Jugend von den entsprechenden Studios angesprochen wird, als auch die ältere Generation. Auf all diesen Events können auch Flyer von allen Studios verteilt werden, die bei einem Anbieter gedruckt worden sind, wodurch es einen Mengenrabatt gibt. Zusammenfassend kann also gesagt werden, dass obwohl die Zielgruppen der Studios teilweise sehr unterschiedlich sind, trotzdem Synergieeffekte im Rahmen der Kommunikationspolitik erzielt werden können.

3 Abschlussstatement

Abschließend wird nun beurteilt, ob es sinnvoll ist die einzelnen Studios, so wie sie geplant worden sind zu eröffnen oder nicht. Das Gesundheitsstudio, welches in den vorherigen Aufgaben behandelt wurde, kann aus unterschiedlichen Gründen eröffnet werden und hat auch in der Zukunft eine reale Chance sich zu etablieren. Zu einem befinden sich in dem gewählten Marktgebiet viele Einwohner der Zielgruppe, sprich dem Alter und dem Kaufkraftindex entsprechend. Auch die behandelten Mitbewerber (siehe Aufgabe 1.5) stellen zwar eine Herausforderung, jedoch kein Problem dar. Zwar sind diese etwas Preisgünstiger und haben was den Wellnessbereich angeht ein größeres Angebot, jedoch hat das Gesundheitsstudio das Alleinstellungsmerkmal, dass es sehr gut geschultes Fachpersonal gibt, eine medizinische Trainingsberatung aus ärztlicher Sicht und spezielle, nicht marktübliche und hochwertige Trainingsgeräte. Zudem sind die Öffnungszeiten auch sehr stark. Durch die Marketingkampagnen und die Werbemaßnahmen, die mit dem angegebenen Budget realisiert werden konnten, ist das Image und der Bekanntheitsgrad auch sehr gut, was eine Voraussetzung für den Start des Unternehmens ist. Eine Herausforderung wird es die geplante Mitgliederzahl zu erreichen, doch wenn dies durch die geplanten Marketingaktionen klappt, die vielversprechend sind, hat das Studio eine gute Grundlage auch für den weiteren Bestand. Das Sportvereinseigene Fitnessstudio wird nicht eröffnet, da es, trotz der fehlenden Konkurrenz, durch die geringe Beitragshöhe und das geringe Ziel der Neumitglieder vermutlich wenig Gewinn erzielen wird. Zudem gibt es keine Auskunft über die Mitglieder des Vereins, wodurch es schwer wird zu kalkulieren, mit wie vielen Neukunden man durch diesen rechnen kann. Aufgrund der guten Lage und Erreichbarkeit und des besonderen Angebots für Studenten des Discout Studios, welches ein Alleinstellungsmerkmal ist, kann sich das Studio gut gegen die Mitbewerber behaupten. Eine gute Werbestrategie ist Voraussetzung für die Eröffnung des Studios. Durch die hohe Kaufkraft der Zielgruppe im Marktgebiet des Premium Studios, sowie die gute Verkehrsanbindung, hat das Studio eine ideale Lage. Auch gegen die Mitbewerber hat das Studio Potential sich durchzusetzen, weswegen es eröffnet werden kann. Die

Lage des EMS Studios hat eine gute Verkehrsanbindung und dadurch, dass es in der Fuß-gängerzone gelegen ist, mit dem Schaufenstermarketing und der Zielgruppe eine gute Reaktionsquote. Dementsprechend sind die Ziele realisierbar und das Studio kann eröff-net werden.

Die besten Chancen, dadurch dass es gute Voraussetungen und eine starke Konkurrenz-fähigkeit gegeüber der Mitbewerber gibt, sind meiner Meinung nach das Discout und das EMS Studio.

4 Literaturverzeichnis

4.1 Literaturverzeichnis Fachliteratur

Dunker, Martin (2006): Marketing. 2. Aufl. Rinteln: Merkur (Das @Kompendium).

Erber, S. (2000): Eventmarketing. Erlebnisstrategien für Marken. Landsberg: MVG.

Homburg, Christian (2012): Marketingmanagement. Strategie – Instrumente – Umsetzung – Unternehmensführung. 4. Aufl. Wiesbaden: Grabler Verlag, zuletzt geprüft am 14.09.2017.

Nieschlag, Robert; Dichtl, Erwin; Hörschgen, Hans (2002): Marketing. 19., überarbeitete und ergänzte Aufl- Berlin: Duncker und Humblot.

Tauberger, J. (2008): Konsumgerichtete Verkaufsförderung. In: R. Olbrich (Hg.): Marketing, Handel und Management. Köln: Josef Eul (7).

Weis, H.-C. (2010): Verkaufsmanagement. 7., völlig neu überarbeitete Aufl. Herne: Kiehl (Modernes Marketing für Studium und Praxis).

Zanger, C.; Drenger, J. (2004): Eventreport 2003. TU Chemnitz.: TU Chemnitz, zuletzt geprüft am 12.02.18.

4.2 Literaturverzeichnis Internetquellen

Mannheim.de. Zugriff am 29.10.2018. Verfügbar unter:
https://www.mannheim.de/sites/default/files/2017-08/13_vogelstang_2017.pdf
Wikipedia. Zugriff am 29.10.2018. Verfügbar unter:
https://de.wikipedia.org/wiki/Vogelstang
Mannheim.de. Zugriff am 29.10.2018. Verfügbar unter:
https://www.mannheim.de/sites/default/files/2018-08/mannheim_2018.pdf
Openrouteservice. Zugriff am 29.10.2018. Verfügbar unter:
https://maps.openrouteser-
vice.org/reach?n1=49.488535&n2=8.638859&n3=12&a=49.508415,8.52832&b=0&i=0
&j1=12&j2=7&j3=1&o2=1&o1=1&k1=en-US&k2=km
Mannheim.de. Zugriff am 29.10.2018. Verfügbar unter:
https://www.mannheim.de/sites/default/files/201805/d201801_einwohnerbe-
stand_2017.pdf
Mannheim.de. Zugriff am 29.10.2018. Verfügbar unter:

https://www.mannheim.de/de/stadt-gestalten/daten-und-fakten/stadtteildaten-auf-einen-
blick

VB Fitness. Zugriff am 30.10.2018. Verfügbar unter:

https://www.venicebeach-fitness.de/clubs/premium-fitness/mannheim-kaefertal/

AF. Zugriff am 30.10.2018. Verfügbar unter:

http://american-fitness.org/mannheim

Flyeralarm. Zugriff am 30.10.2018. Verfügbar unter: https://www.fly-
eralarm.com/de/shop/configurator/index/id/5756/flyerklassi-
ker.html#4184=21019&4185=21024&4186=21039&4187=20819&4188=20820

Flyer Prospekte FFM. Zugriff am 30.10.2018. Verfügbar unter:

http://flyer-prospekte-ffm.de/prospektverteilung/index.html

Crossvertise. Zugriff am 05.11.2018. Verfügbar unter:

https://market.crossvertise.com/de-de/mannheimer-morgen-/media/print/de-
tails/663538?RatecardId=255654&BookingUnitIds=722107&PrintFormatType=Vari-
able&PageFormatCombined=-%7C116&PrintBookType=1&Placement=0&Orientati-
onType=0&Bleed=False&CrossOver=False&ColumnCount=1&AdHeight=120&Co-
lor=1&SelectedDates=18.04.2019

Crossvertise. Zugriff am 05.11.2018. Verfügbar unter:

https://www.crossvertise.com/werbeplakate/mannheim

Flyeralarm. Zugriff am 12.11.2018. Verfügbar unter:

https://www.flyeralarm.com/de/shop/configurator/index/id/75/plakate-digitaldruck-1-
30-stueck.html#328=16064&329=1075&330=1066

5 Abbildungs- und Tabellenverzeichnis

5.1 Tabellenverzeichnis